러시아어 처음 글자쓰기

Russian Penmanship

장영재 지음

차 례

이 책은 • 4
러시아어는 • 6
러시아어 알파벳 • 8

Step 1 알파벳 익히기

А • 16 / Б • 20 / В • 24 / Г • 28 / Д • 32 / Е, Ё • 36 /
Ж • 40 / З • 44 / И, Й • 48 / К • 52 / Л • 56 / М • 60 /
Н • 64 / О • 68 / П • 72 / Р • 76 / С • 80 / Т • 84 /
У • 88 / Ф • 92 / Х • 96 / Ц • 100 / Ч • 104 / Ш • 108 /
Щ • 112 / Ъ, Ы, Ь • 116 / Э • 118 / Ю • 122 / Я • 126

Step 2 실전 쓰기 연습

① 숫자 • 132 / ② 인사 • 134 / ③ 간단한 표현 • 136 / ④ 년(年) • 138 /
⑤ 사계절 • 140 / ⑥ 주(週) • 142 / ⑦ 가족 • 144 / ⑧ 신체 • 148 /
⑨ 축하 서신 • 152 / ⑩ 우편엽서 서식 • 158

이 책은

이 책은

러시아어를 처음 시작하는 학습자들을 위한 러시아어 쓰기 연습서로
정확한 필기체 연습과 기본 발음을 익힐 수 있도록 만들어졌습니다.

실제로

러시아어를 바르게 쓰고 정확히 발음할 경우,
러시아어를 아주 잘 한다는 인상을 줄 수 있습니다.
이는 어학 실력보다 러시아어를 통해서 자신을 알리기 위한
아주 좋은 방법이기도 합니다.

어떤 일이든지

처음이 중요한 것처럼, 러시아어도 기초가 상당히 중요합니다.
정확한 글씨체 연습과 함께 정확한 발음을 익혀보도록 합시다.
그리고 본서를 통해 자신의 좋은 이미지를 표현해 보시기 바랍니다.

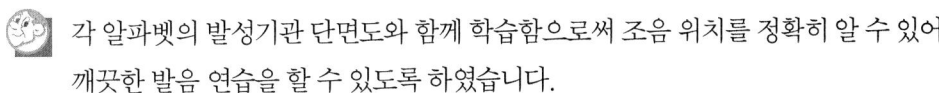

각 알파벳의 발성기관 단면도와 함께 학습함으로써 조음 위치를 정확히 알 수 있어 깨끗한 발음 연습을 할 수 있도록 하였습니다.

친절한 발음 설명과 함께 필기체로 알파벳을 쓰는 순서를 숫자로 표기하였습니다.

알파벳마다 점선 처리를 하여 먼저 따라 쓴 후 별도 연습을 하도록 하여 글자를 쉽게 따라 쓰도록 하였습니다.

알파벳 연습, 다른 알파벳과 이어쓰기 연습, 단어 쓰기 연습, 문장 쓰기 연습의 4단계를 거쳐 러시아어 알파벳을 숙달시킬 수 있도록 하였습니다.

실전 쓰기 연습을 통해 러시아어 숫자, 인사, 기본 표현, 활자체 보고 필기체 연습, 가족 관계 표현, 신체 부위 표현 등을 소개하여 기초적인 학습 효과를 얻도록 하였습니다.

"예쁜 글씨는 자신의 마음을 표현한다."고 하였습니다. 러시아어를 처음 시작하시는 분들은 알파벳 연습에서부터 정성 들여 시작한다면 훌륭한 러시아어를 표현할 수 있을 것입니다.

러시아어는

러시아어 문자를 처음 접하면 알파벳 모양이 신기하고 어렵게 보입니다. 하지만 이미 우리에게 익숙한 영어 알파벳과 전체적인 문자꼴이 비슷해 처음 접하는 데 큰 어려움은 없을 것입니다.

러시아 문자의 유래와 관련한 재미있는 이야기가 있는데, 러시아에 문자가 없었던 시절에 러시아는 그리스 정교회를 받아들이면서 문자도 함께 들여오게 됩니다. 그런데 문자의 유입 과정에서 재미있는 문제가 발생했습니다. 나무로 만든 문자들을 상자에 담아 싣고 오던 배가 풍랑을 만나는 바람에 문자들이 서로 뒤죽박죽 뒤섞이게 되었습니다. 그래서 문자들을 기억나는 대로 맞추다보니 순서도 뒤바뀌고, 앞뒤 모양이 뒤바뀌게 되었다는 이야기입니다. 하지만 이것은 단지 우스개소리로 전해지는 이야기일 뿐입니다.

역사적으로 러시아 문자는 9세기경에 마케도니아의 선교사 끼릴과 메포지 형제에 의해 러시아지역 선교를 위해 만들어졌습니다. 러시아 문자는 그리스 문자를 모체로 하여 생성되었으며 오랜 세월을 거치면서 개정을 거듭하였고, 1917년에 정서법(正書法)이 개정되어 불필요한 문자가 제거됨으로써 현재의 33개 자모가 되었습니다. 러시아어는 활자체와 필기체의 사용시 확연한 차이가 있는 것이 특징입니다.

러시아어는 인도유럽어족에서도 슬라브어군에 속한 언어입니다. 러시아어가 속해 있는 슬라브어군은 언어적 특성상 발트어군(리투아니아어, 라트비아어)과 매우 가까우며, 게르만어군(독일어, 영어 등), 인도-이란어군과도 상당한 공통점이 있습니다. 슬라브어군은 다시 동-서-남슬라브어로 나뉘는데 러시아어는 우크라이나어, 벨라루스어와 함께 동슬라브어의 하나로 이들은 매우 유사하여 이들 언어를 사용하는 사람들간에 상당 부분 의사 소통이 가능하다고 합니다.

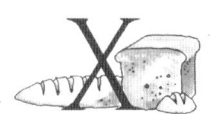

	알파벳
모음	а, е, ё, и, о, у, ы, э, ю, я
반모음	й
자음	б, в, г, д, ж, з, к, л, м, н, п, р, с, т, ф, х, ц, ч, ш, щ
음가없는 자음	ъ, ь

러시아어 알파벳

순서	활자체	필기체	명칭	발음 설명
6	E e	Ɛ e	e (йэ) 예	우리말의 '예'와 비슷한 소리입니다.
7	Ë ë	Ë ë	ё (йо) 요	우리말의 '요'와 비슷한 소리입니다.
8	Ж ж	Ж ж	же (제)	우리말의 '쥐'와 비슷합니다만, 혀끝을 윗니의 안쪽에 놓고 유성음으로 소리를 내면 됩니다. 혀의 모양은 숟가락 모양으로 합니다.
9	З з	З z	зе 제	우리말의 'ㅈ'과 비슷한 소리이며, 이를 다물고 혀끝을 윗니 안쪽으로 올려 발음합니다.
10	И и	И и	и 이	우리말의 '이'와 거의 같은 소리로, 혀를 긴장시켜 입술을 살짝 좌우로 당기며 발음합니다.

러시아어 알파벳

순서	활자체	필기체	명칭	발음 설명
11	Й й	Й й	и краткое 이끄라뜨꼬예	혀 뒤쪽을 입천장 쪽으로 올려서 내는 소리입니다. 다만, 짧은 '이' 라고 생각하면 됩니다.
12	К к	К к	ка 까	우리말의 'ㄲ'과 비슷한 소리입니다. 'г'와 발음 위치가 동일하며 'г'에 대응하는 무성자음입니다.
13	Л л	Л л	эл 엘	혀끝을 윗니 뒤쪽 밑에 대고 혀의 중간 부분을 내리면서 'ㄹ'소리를 냅니다.
14	М м	М м	эм 엠	우리말의 'ㅁ'과 비슷한 소리입니다. 입술을 다물었다가 숨을 내쉬며 발음합니다.
15	Н н	Н н	эн 엔	우리말의 'ㄴ'과 비슷한 소리입니다. 혀끝을 윗니 안쪽에 대고 코로 바람을 내보내는 소리입니다.

순서	활자체	필기체	명칭	발음 설명
16	O o	*О о*	о 오	우리말의 '오'와 비슷한 소리입니다만, 입술을 보다 둥글고 크게 하여 발음합니다.
17	П п	*П п*	пэ 뻬	우리말의 '쁘'와 비슷한 소리입니다. 윗입술과 아랫입술을 터뜨리면서 내는 무성음입니다.
18	Р р	*Р р*	эр 에르	우리말의 'ㄹ'과 거의 비슷한 소리로서, 혀끝을 윗잇몸에 가볍게 대어 혀를 굴리며 발음합니다.
19	С с	*С с*	эс 에쓰	우리말의 'ㅆ'과 비슷하게 소리냅니다. 'з'와 같은 위치로 발음하며 'з'에 대응하는 무성자음입니다.
20	Т т	*Т т*	тэ 떼	우리말의 'ㄸ'과 비슷한 발음으로, 'д'와 같은 위치에서 발음을 하나, 무성음입니다.

러시아어 알파벳

순서	활자체	필기체	명칭	발음 설명
21	У у	*У у*	у 우	우리말의 '우'와 비슷하게 발음하며, 입술을 둥글게 하여 앞쪽으로 내밀면서 발음합니다.
22	Ф ф	*Ф ф*	эф 에프	우리말의 'ㅍ'과 비슷한 발음으로 아랫입술의 안쪽에 윗니를 가볍게 대고 터뜨려 주면서 발음합니다.
23	Х х	*Х х*	ха 하	우리말의 'ㅎ'과 가까운 소리로 보다 힘을 주어 터뜨려 주면서 내는 소리입니다. 'г'와 비슷한 위치에서 발음하지만 혀 뒷부분을 입천장에 접근시키며 발음합니다.
24	Ц ц	*Ц ц*	цэ 쩨	우리말의 'ㅉ'과 비슷한 발음으로, 혀를 윗잇몸에 밀착시켰다가 빨리 떼면서 그 사이로 공기를 밀면서 마찰, 파열시켜 주는 소리입니다.
25	Ч ч	*Ч ч*	чэ 체	우리말의 '치'에 가까운 소리로 혀끝을 잇몸의 뒤쪽에 붙였다가 입안의 공기를 파열, 마찰시키면서 발음합니다.

순서	활자체	필기체	명칭	발음 설명
26	Ш ш	Ш ш	ша 샤	우리말의 '시'와 비슷한 발음으로, 'ж'와 같은 위치에서 발음하며 'ж'에 대응하는 무성자음입니다.
27	Щ щ	Щ щ	ща 시챠	우리말의 '쉬'와 비슷하며, 혀 끝을 아랫니 안쪽에 두고 혀 중간을 입천장 가까이 올리며 무성음으로 발음합니다.
28	Ъ	ъ	твёрдый знак 뜨뵤르드이 즈나크	경음부호로 앞의 자음이 뒤에 오는 모음과 관계없이 독립적으로 발음되는 것을 말합니다.
29	Ы	ы	ы 의	우리말의 '의'와 비슷한 음으로 입을 옆으로 벌리고 혀를 뒤로 당긴 후 혀의 중간 부분을 입천장 쪽으로 하여 발음합니다.
30	Ь	ь	мягкий знак 먀흐끼이 즈나크	연음부호로 뒤에 오는 모음이 독립적으로 발음되는 것을 말합니다.

RUSSIAN PENMANSHIP

러시아어 알파벳

순서	활자체	필기체	명칭	발음 설명
31	Э э	Э э	э 에	우리말의 '에'와 거의 비슷하며 좀더 입을 넓게 벌려 발음합니다.
32	Ю ю	Ю ю	ю (йу) 유	우리말의 '유'와 비슷한 음으로 'й'와 'у'의 발음을 함께 빠르게 내는 소리입니다.
33	Я я	Я я	я (йа) 야	우리말의 '야'와 비슷한 음으로 'й'와 'а'의 발음을 함께 빠르게 내는 소리입니다.

Step 1 알파벳 익히기

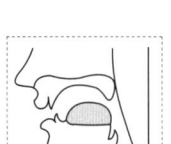

우리말의 '아' 와 거의 같은 소리입니다. 편안히 '아' 라고 읽으면 됩니다.

활자체

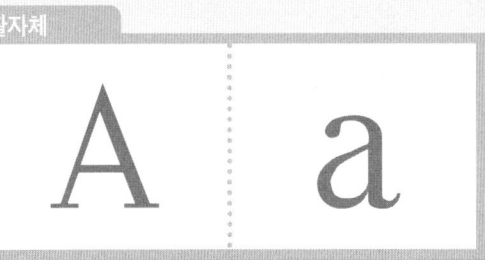

필기체

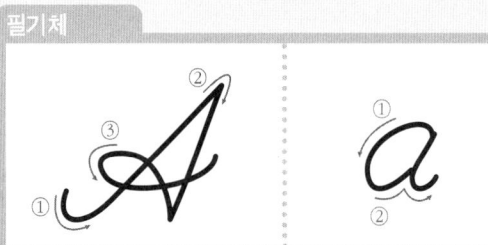

▶ 순서에 따라 발음에 유의하면서 알파벳 A(a)를 써봅시다.

▶ 알파벳 A(a)를 다른 알파벳과 연결하여 연습해 봅시다.

Аз   Аз   Аз   Аз

Ан   Ан   Ан   Ан

Ау   Ау   Ау   Ау

Ав   Ав   Ав   Ав

аб   аб   аб   аб

ан   ан   ан   ан

ау   ау   ау   ау

ас   ас   ас   ас

▶ 알파벳 A(a)와 관련된 단어를 연습해 봅시다.

Андрей *Андрей* *Андрей*

[안드레이]

Аптека *Аптека* *Аптека*

[아쁘쩨까]

арбуз *арбуз* *арбуз*

[아르부스]

автобус *автобус* *автобус*

[아프또부스]

▶ 알파벳 A(a)와 관련된 문장을 연습해 봅시다.

Андрей показал на карте

Азию и Африку.

Андрей показал на карте

Азию и Африку.

Study & study

▶ **Андрей показал на карте Азию и Африку.**
[안드레이 빠까잘 나 까르쩨 아지유 이 아프리꾸.]
안드레이는 지도에서 아시아와 아프리카를 가리켰다.

| 단어 |

- ▶ Андрей 안드레이(사람이름)
- ▶ автобус 버스
- ▶ карта 지도
- ▶ Африка 아프리카
- ▶ аптека 약국
- ▶ показать 가리키다
- ▶ Азия 아시아
- ▶ арбуз 수박
- ▶ на ~에(전치사—장소)
- ▶ и 그리고, ~와

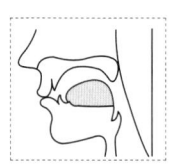
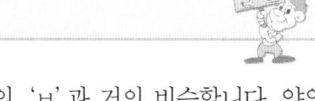

우리말의 'ㅂ'과 거의 비슷합니다. 양입술을 붙였다가 떼면서 발음합니다.

활자체		필기체	
Б	б		

▶ 순서에 따라 발음에 유의하면서 알파벳 Б(б)를 써봅시다.

▶ 알파벳 Б(б)를 다른 알파벳과 연결하여 연습해 봅시다.

Ба Ба Ба Ба

Би Би Би Би

Бе Бе Бе Бе

Бр Бр Бр Бр

ба ба ба ба

бу бу бу бу

би би би би

бр бр бр бр

▶ 알파벳 Б(б)와 관련된 단어를 연습해 봅시다.

Бабушка Бабушка Бабушка

[바부쉬까]

Больница Больница Больница

[발리니짜]

библиотека библиотека

[비블리아쩨까]

бейсбол бейсбол бейсбол

[베이스볼]

▶ 알파벳 Б(б)와 관련된 문장을 연습해 봅시다.

Боря Басов учится писать.

Боря Басов учится писать.

Study & study

▶ Боря Басов учится писать.
[바랴 바쏘프 우치짜 삐싸찌.]
바랴 바쏘프는 글자쓰기를 배웁니다.

| 단어 |
- ▶ бабушка 할머니
- ▶ бейсбол 야구
- ▶ больница 병원
- ▶ учиться 배우다
- ▶ библиотека 도서관
- ▶ писать (글을) 쓰다

 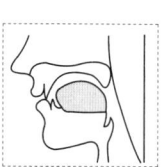 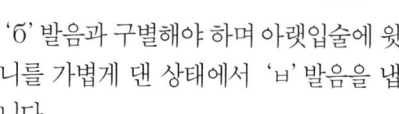

'б' 발음과 구별해야 하며 아랫입술에 윗니를 가볍게 댄 상태에서 'ㅂ'발음을 냅니다.

▶ 순서에 따라 발음에 유의하면서 알파벳 B(в)를 써봅시다.

▶ 알파벳 B(в)를 다른 알파벳과 연결하여 연습해 봅시다.

Ву Ву Ву Ву

Ве Ве Ве Ве

Во Во Во Во

Ви Ви Ви Ви

во во во во

ви ви ви ви

вп вп вп вп

вт вт вт вт

알파벳 В(в)와 관련된 단어를 연습해 봅시다.

Весна Весна Весна

[베스나]

Восток Восток Восток

[바스똑]

вокзал вокзал вокзал

[바그잘]

враг враг враг

[브라치]

▶ 알파벳 В(в)와 관련된 문장을 연습해 봅시다.

Вот наша семья. Вот мама, папа

и брат Вова.

Вот наша семья. Вот мама, папа

и брат Вова.

Study & study

▶ Вот наша семья. Вот мама, папа и брат Вова.
[보트 나샤 씨미야. 보트 마마, 빠빠 이 브라트 보바.]
바로 우리 가족입니다. 엄마, 아빠 그리고 남동생 보바입니다.

| 단어 |
- ▶ весна 봄
- ▶ врач 의사
- ▶ семья 가족
- ▶ брат 형제
- ▶ восток 동쪽
- ▶ вот 바로, 이
- ▶ мама 엄마
- ▶ вокзал 역(驛)
- ▶ наш 우리의
- ▶ папа 아빠

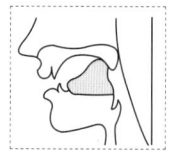

우리말의 'ㄱ'과 거의 비슷한 소리입니다. 혀 뒷부분을 입천장 뒤에 대었다 떼면서 발음합니다. 또한 이 발음은 성대가 떨리는 유성자음입니다.

활자체 | 필기체

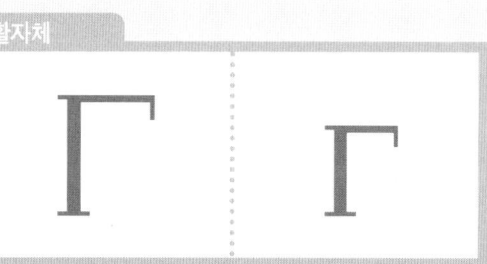
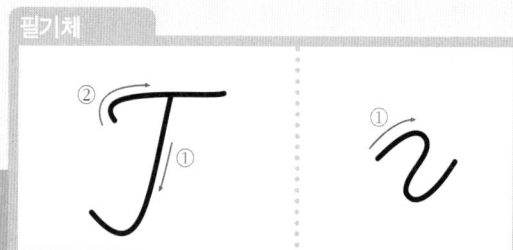

▶ 순서에 따라 발음에 유의하면서 알파벳 Г(г)를 써봅시다.

▶ 알파벳 Г(г)를 다른 알파벳과 연결하여 연습해 봅시다.

Гb Гb Гb Гb

Гu Гu Гu Гu

Гe Гe Гe Гe

Гa Гa Гa Гa

гu гu гu гu

гy гy гy гy

гa гa гa гa

гo гo гo гo

알파벳 Г(г)와 관련된 단어를 연습해 봅시다.

Газета Газета Газета
[가제따]

Галова Галова Галова
[갈라바]

группа группа группа
[그루빠]

город город город
[고로트]

▶ 알파벳 Г(г)와 관련된 문장을 연습해 봅시다.

Горький – советский писатель.

Гоголь – русский писатель.

Study & study

▶ Горький-советский писатель. Гоголь-русский писатель.
[고리끼 싸베트스끼이 삐싸쩰. 고골 루스끼이 삐싸쩰.]
고리끼는 소련의 작가입니다. 고골은 러시아의 작가입니다.

| 단어 |

- ▶ газета 신문
- ▶ город 도시
- ▶ писатель 작가
- ▶ голова 머리
- ▶ Горький 고리끼(러시아의 작가이름)
- ▶ Гоголь 고골(러시아의 작가이름)
- ▶ группа 그룹
- ▶ советский 소련의
- ▶ русский 러시아의

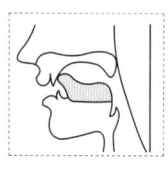

우리말의 'ㄷ'과 비슷한 소리로, 앞 혀끝을 윗니의 안쪽에 대었다가 터뜨리면서 냅니다.

활자체	필기체
Д д	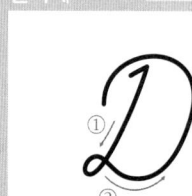 

▶ 순서에 따라 발음에 유의하면서 알파벳 Д(д)를 써봅시다.

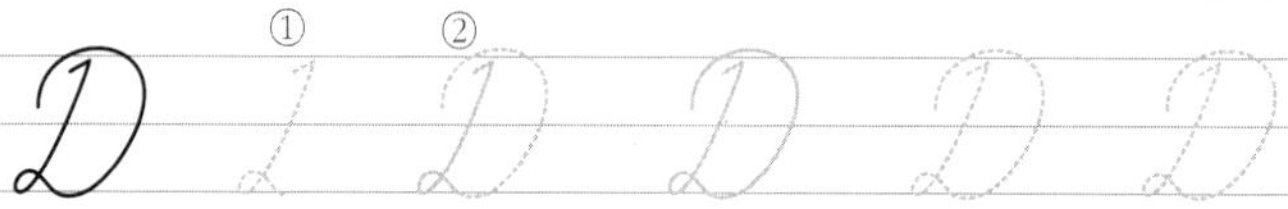

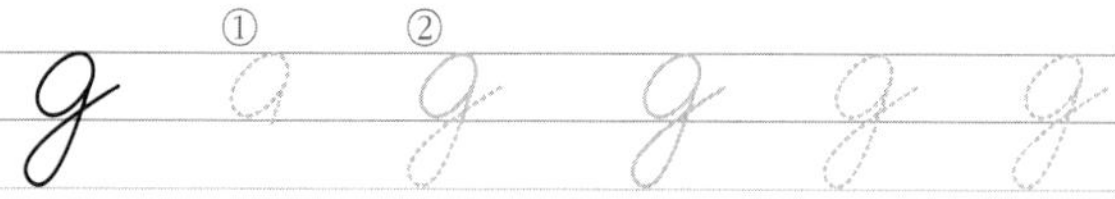

▶ 알파벳 Д(д)를 다른 알파벳과 연결하여 연습해 봅시다.

Ди Ди Ди Ди

Дь Дь Дь Дь

Ду Ду Ду Ду

De De De De

да да да да

ду ду ду ду

дь дь дь дь

ди ди ди ди

▶ 알파벳 Д(д)와 관련된 단어를 연습해 봅시다.

Дворец Дворец Дворец
[드바례쯔]

Дерево Дерево Дерево
[졔례바]

дедушка дедушка дедушка
[졔두쉬까]

доктор доктор доктор
[독또르]

▶ 알파벳 Д(д)와 관련된 문장을 연습해 봅시다.

Дон и Дунай-большие реки.

Дон и Дунай-большие реки.

S t u d y & s t u d y

▶ Дон и Дунай-большие реки.
[돈 이 두나이 발쉬예 례끼.]
돈강과 두나이강은 큰 강입니다.

| 단어 |
- дворец 궁전
- доктор 박사
- большой 큰
- дерево 나무
- Дон 돈강
- река 강
- дедушка 할아버지
- Дунай 두나이강

Е: 우리말의 '예'와 비슷한 소리입니다.

Ё: 우리말의 '요'와 비슷한 소리입니다.

활자체	필기체
Е Ё е ё	 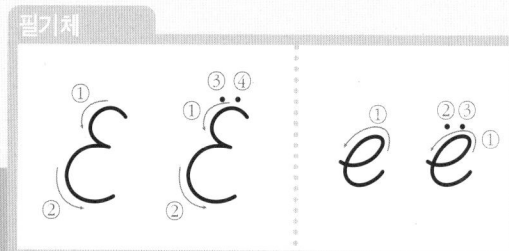

▶ 순서에 따라 발음에 유의하면서 알파벳 Е, Ё(е, ё)를 써봅시다.

▶ 알파벳 E, Ё(e, ё)를 다른 알파벳과 연결하여 연습해 봅시다.

Ел Ел Ел Ел

Ер Ер Ер Ер

Ен Ен Ен Ен

Ёж Ёж Ёж Ёж

ел ел ел ел

ет ет ет ет

ер ер ер ер

ёж ёж ёж ёж

▶ 알파벳 E, Ё(e, ё)와 관련된 단어를 연습해 봅시다.

Европа Европа Европа

[이브로빠]

Если Если Если

[예슬리]

ехать ехать ехать

[예하찌]

ёлка ёлка ёлка

[욜까]

▶ 알파벳 E, Ë(e, ë)와 관련된 문장을 연습해 봅시다.

Егор и Елена едут в университет.

Study & study

▶ **Егор и Елена едут в университет.**
[이고르 이 엘레나 예두트 브 우니베르시쩨트.]
이고르와 엘레나는 학교에 갑니다.

| 단어 |
- ▶ Европа 유럽
- ▶ ёлка 고슴도치
- ▶ в ~로(전치사 방향)
- ▶ если 만일
- ▶ Егор 이고르(사람이름)
- ▶ университет 대학교
- ▶ ехать (교통수단으로) 가다
- ▶ Елена 엘레나(사람이름)

 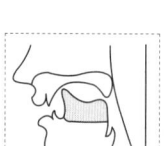 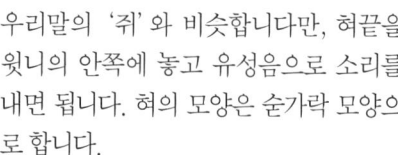

우리말의 '쥐'와 비슷합니다만, 혀끝을 윗니의 안쪽에 놓고 유성음으로 소리를 내면 됩니다. 혀의 모양은 숟가락 모양으로 합니다.

활자체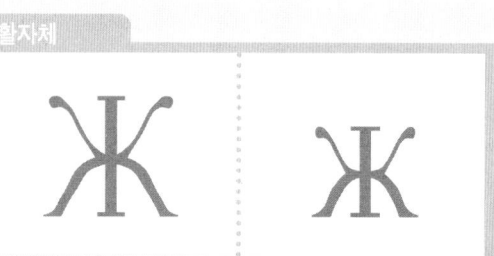

필기체

▶ 순서에 따라 발음에 유의하면서 알파벳 Ж(ж)를 써봅시다.

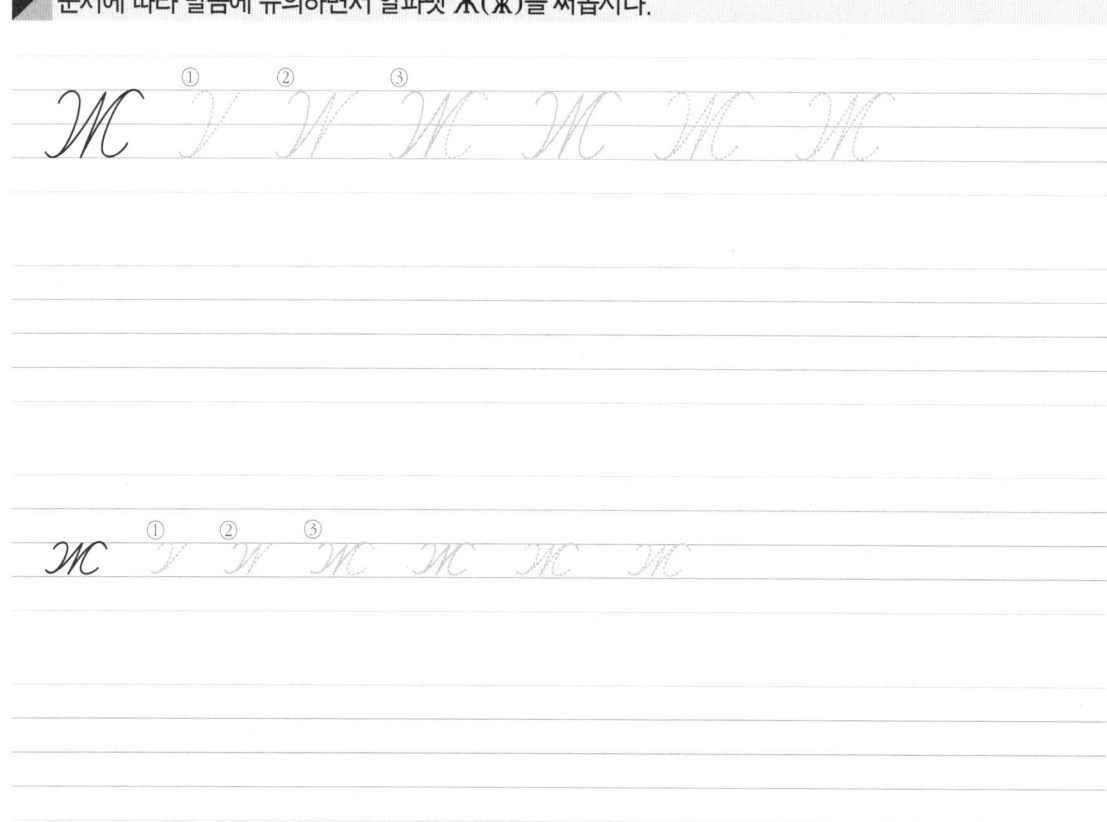

▶ 알파벳 Ж(ж)를 다른 알파벳과 연결하여 연습해 봅시다.

Жу Жу Жу

Жо Жо Жо

Же Же Же

Жи Жи Жи

жо жо жо

жу жу жу

же же же

жи жи жи

▶ 알파벳 Ж(ж)와 관련된 단어를 연습해 봅시다.

Женщина Женщина Женщина

[젠시나]

Житель Житель Житель

[쥐쪨]

журнал журнал журнал

[주르날]

жизнь жизнь жизнь

[쥐즌]

▶ 알파벳 Ж(ж)와 관련된 문장을 연습해 봅시다.

Жора и Женя читают журнал.

Жора и Женя читают журнал.

Study & study

▶ Жора и Женя читают журнал.
[조라 이 줴냐 치따유트 주르날.]
조라와 줴냐는 잡지를 읽습니다.

| 단어 |
- ▸ женщина 여자
- ▸ жизнь 삶, 인생
- ▸ читать 읽다
- ▸ житель 주민
- ▸ Жора 조라(사람이름)
- ▸ журнал 잡지
- ▸ Женя 줴냐(사람이름)

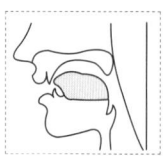
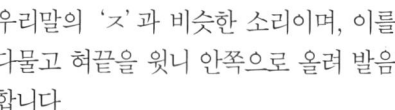

우리말의 'ㅈ'과 비슷한 소리이며, 이를 다물고 혀끝을 윗니 안쪽으로 올려 발음합니다.

활자체

З з

필기체

З з

▶ 순서에 따라 발음에 유의하면서 알파벳 З(з)를 써봅시다.

▶ 알파벳 З(з)를 다른 알파벳과 연결하여 연습해 봅시다.

Зе Зе Зе Зе

Зр Зр Зр Зр

Зи Зи Зи Зи

Зу Зу Зу Зу

за за за за

зе зе зе зе

зв зв зв зв

зд зд зд зд

▶ 알파벳 З(з)와 관련된 단어를 연습해 봅시다.

Задание   Задание   Задание

[자다니예]

Земля   Земля   Земля

[지믈랴]

здание   здание   здание

[즈다니예]

завод   завод   завод

[자보트]

▶ 알파벳 З(з)와 관련된 문장을 연습해 봅시다.

Зина, запиши домашнее задание!

Зина, запиши домашнее задание!

Study & study

▶ **Зина, запиши дамашнее задание!**
[지나, 자삐쉬 다마쉬녜예 자다니예!]
지나, 숙제해!

| 단어 |
- ▶ задание 과제
- ▶ завод 공장
- ▶ дамашнее задание 숙제
- ▶ земля 땅
- ▶ Зина 지나(사람이름)
- ▶ здание 건물
- ▶ записать 쓰다

И : 우리말의 '이'와 거의 같은 소리로, 혀를 긴장시켜 입술을 살짝 좌우로 당기며 발음합니다.

Й : 혀 뒤쪽을 입천장 쪽으로 올려서 내는 소리입니다. 다만, 짧은 '이'라고 생각하면 됩니다.

▶ 순서에 따라 발음에 유의하면서 알파벳 И, Й(и, й)를 써봅시다.

▶ 알파벳 И, Й(и, й)를 다른 알파벳과 연결하여 연습해 봅시다.

Ир Ир Ир Ир

Ил Ил Ил Ил

Из Из Из Из

Ив Ив Ив Ив

ив ив ив ив

из из из из

ия ия ия ия

ир ир ир ир

▶ 알파벳 **И, Й(и, й)**와 관련된 단어를 연습해 봅시다.

Интерес

[인쩨례스]

Интернет

[인떼르네트]

история

[이스또리야]

мой твой

[모이] [뜨보이]

▶ 알파벳 И, Й(и, й)와 관련된 문장을 연습해 봅시다.

Ирина читает книгу.

Иван пишет буквы.

Ирина читает книгу.

Иван пишет буквы.

Study & study

▶ Ирина читает книгу. Иван пишет буквы.
[이리나 치따엩 끄니구. 이반 삐쉗 부끄븨.]
이리나는 책을 읽습니다. 이반은 글자를 씁니다.

| 단어 |

- ▶ интерес 관심
- ▶ мой 나의
- ▶ читать 읽다
- ▶ писать 쓰다
- ▶ интернет 인터넷
- ▶ твой 너의
- ▶ книга 책
- ▶ буква 문자, 글자
- ▶ история 역사
- ▶ Ирина 이리나(사람이름)
- ▶ Иван 이반(사람이름)

 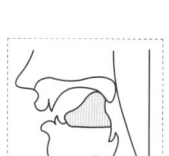 

우리말의 'ㄲ'과 비슷한 소리입니다. 'г'와 발음 위치가 동일하며 'г'에 대응하는 무성자음입니다.

활자체

K k

필기체

▶ 순서에 따라 발음에 유의하면서 알파벳 K(к)를 써봅시다.

▶ 알파벳 K(к)를 다른 알파벳과 연결하여 연습해 봅시다.

Ke Ke Ke Ke

Ku Ku Ku Ku

Ka Ka Ka Ka

Kь Kь Kь Kь

ки ки ки ки

кь кь кь кь

ке ке ке ке

ки ки ки ки

▶ 알파벳 K(к)와 관련된 단어를 연습해 봅시다.

Карта Карта Карта

[까르따]

Корея Корея Корея

[까례야]

Книга Книга Книга

[끄니가]

комната комната комната

[꼼나따]

▶ 알파벳 K(к)와 관련된 문장을 연습해 봅시다.

Как тебя зовут?

Как его фамилия?

Как тебя зовут?

Как его фамилия?

Study & study

▶ Как тебя зовут? Как его фамилия?
[까크 찌바 자부트? 까크 이보 파밀리야?]
너 이름은 뭐니? 그 사람의 성(姓)은 무엇입니까?

| 단어 |
- Корея 한국
- карта 지도
- звать 부르다
- книга 책
- Как 어떻게
- его он(그)의 생격
- комната 방
- тебя ты(너)의 생격
- фамилия 성(姓)

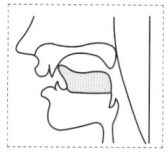

혀끝을 윗니 뒤쪽 밑에 대고 혀의 중간 부분을 내리면서 'ㄹ' 소리를 냅니다.

활자체 Л л　　**필기체** ① ②

▶ 순서에 따라 발음에 유의하면서 알파벳 Л(л)를 써봅시다.

▶ 알파벳 Л(л)를 다른 알파벳과 연결하여 연습해 봅시다.

Лу Лу Лу Лу

Ла Ла Ла Ла

Ля Ля Ля Ля

Ле Ле Ле Ле

лу лу лу лу

ла ла ла ла

ле ле ле ле

ю ю ю ю

▶ 알파벳 Л(л)와 관련된 단어를 연습해 봅시다.

Лекарство Лекарство Лекарство

[리까르스트바]

Лодка Лодка Лодка

[로트까]

литература литература

[리쩨라뚜라]

лето лето лето

[레떠]

▶ 알파벳 Л(л)와 관련된 문장을 연습해 봅시다.

Лена и Лиза живут в Лондоне.

Study & study

▶ Лена и Лиза живут в Лондоне.
[레나 이 리자 쥐부트 브 런던녜.]
레나와 리자는 런던에 삽니다.

| 단어 |
- ▶ лекарство 물약
- ▶ лодка 보트
- ▶ литература 문학
- ▶ лето 여름
- ▶ Лена 레나(사람이름)
- ▶ Лиза 리자(사람이름)
- ▶ жить 살다
- ▶ в ~에서(전치사)
- ▶ Лондон 런던

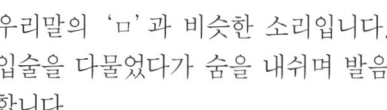

우리말의 'ㅁ'과 비슷한 소리입니다. 입술을 다물었다가 숨을 내쉬며 발음합니다.

활자체: M m
필기체: ① ② ③

▶ 순서에 따라 발음에 유의하면서 알파벳 M(м)을 써봅시다.

▶ 알파벳 М(м)를 다른 알파벳과 연결하여 연습해 봅시다.

Ми Ми Ми Ми

Мя Мя Мя Мя

Ме Ме Ме Ме

Му Му Му Му

ме ме ме ме

му му му му

ма ма ма ма

мя мя мя мя

▶ 알파벳 M(м)와 관련된 단어를 연습해 봅시다.

Москва
[마스크바]

Магазин
[마가진]

машина
[마쉬나]

музыка
[무지까]

▶ 알파벳 M(м)와 관련된 문장을 연습해 봅시다.

Москва — столица Республики

России.

Москва — столица Республики

России.

Study & study

▶**Москва-столица Республики России.**
[마스크바 스딸리짜 리스뿌블리끼 라씨이.]
모스크바는 러시아 연방의 수도입니다.

| 단어 |
- ▶магазин 상점
- ▶машина 자동차
- ▶музыка 음악
- ▶Москва 모스크바
- ▶столица 수도
- ▶Республика России 러시아연방

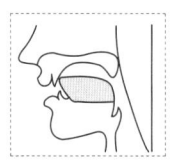

우리말의 'ㄴ'과 비슷한 소리입니다. 혀끝을 윗니 안쪽에 대고 코로 바람을 내보내는 소리입니다.

▶ 순서에 따라 발음에 유의하면서 알파벳 H(н)를 써봅시다.

▶ 알파벳 Н(н)를 다른 알파벳과 연결하여 연습해 봅시다.

На На На На

Нж Нж Нж Нж

Не Не Не Не

Ну Ну Ну Ну

нж нж нж нж

не не не не

ни ни ни ни

ну ну ну ну

▶ 알파벳 H(н)와 관련된 단어를 연습해 봅시다.

Название Название Название
[나즈바니예]

Неделя Неделя Неделя
[니젤랴]

номер номер номер
[노메르]

небо небо небо
[녜바]

▶ 알파벳 Н(н)와 관련된 문장을 연습해 봅시다.

Наш класс большой и светлый.

Наш класс большой и светлый.

Study & study

▶ **Наш класс большой и светлый.**
[나쉬 끌라스 발쇼이 이 스볘뜰릐이.]
우리 반은 크고 밝습니다.

| 단어 |
- **название** 이름, 명칭
- **небо** 하늘
- **большой** 큰
- **незеля** 주(週)
- **наш** 우리의
- **светлый** 밝은
- **номер** 번호
- **класс** 학급

우리말의 '오'와 비슷한 소리입니다만, 입술을 보다 둥글고 크게 하여 발음합니다.

 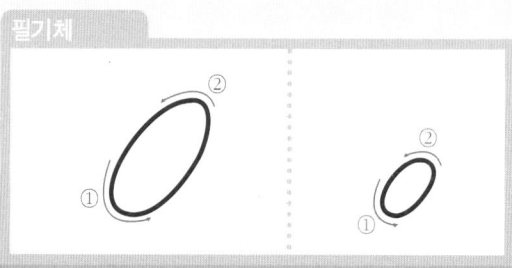

▶ 순서에 따라 발음에 유의하면서 알파벳 O(o)를 써봅시다.

▶ 알파벳 O(o)를 다른 알파벳과 연결하여 연습해 봅시다.

Оа Оа Оа Оа

Оb Оb Оb Оb

Ос Ос Ос Ос

Оз Оз Оз Оз

оа оа оа оа

ос ос ос ос

ое ое ое ое

оп оп оп оп

▶ 알파벳 О(о)와 관련된 단어를 연습해 봅시다.

Облако   Облако   Облако

[오블라까]

Остров   Остров   Остров

[오스뜨라프]

одежда   одежда.   одежда.

[아제즈다]

обезьяна   обезьяна   обезьяна

[아비지야나]

▶ 알파벳 O(o)와 관련된 문장을 연습해 봅시다.

Оля и Оксана идут в музей.

Оля и Оксана идут в музей.

Study & study

▶ Оля и Оксана идут в музей.
[올랴 이 악사나 이두트 브 무제이.]
올랴와 악사나는 박물관에 갑니다.

| 단어 |

- облако 구름
- обезьяна 원숭이
- идти (걸어서) 가다
- остров 섬
- Оля 올랴(사람이름)
- музей 박물관
- одежда 옷
- Оксана 악사나(사람이름)

 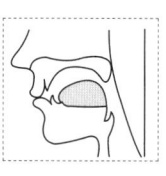

우리말의 '쁘'와 비슷한 소리입니다. 윗입술과 아랫입술을 터뜨리면서 내는 무성음입니다.

활자체: П п
필기체: *П* *п*

▶ 순서에 따라 발음에 유의하면서 알파벳 П(п)를 써봅시다.

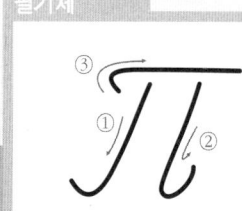 

▶ 알파벳 П(п)를 다른 알파벳과 연결하여 연습해 봅시다.

Пе Пе Пе Пе

Пу Пу Пу Пу

Пя Пя Пя Пя

Па Па Па Па

по по по по

пя пя пя пя

пу пу пу пу

пе пе пе пе

▶ 알파벳 П(п)와 관련된 단어를 연습해 봅시다.

Письмо Письмо Письмо

[삐시모]

Поездка Поездка Поездка

[빠예즈드까]

подарок подарок подарок

[빠다록]

предмет предмет предмет

[쁘례드몔]

▶ 알파벳 П(п)와 관련된 문장을 연습해 봅시다.

Пушикин–великий русский поэт.

Пушикин–великий русский поэт.

Study & study

▶ Пушикин-великий русский поэт.
[뿌쉬낀 벨리끼이 루스끼이 뽀엩.]
뿌쉬낀은 위대한 러시아 시인입니다.

| 단어 |
- ▶ письмо 편지
- ▶ предмет 물건, 과목
- ▶ русский 러시아의
- ▶ поездка 여행
- ▶ Пушикин 뿌쉬낀(러시아 시인)
- ▶ поэт 시인
- ▶ подарок 선물
- ▶ великий 위대한

 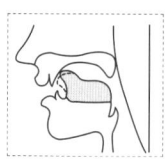 

우리말의 'ㄹ'과 거의 비슷한 소리로서, 혀끝을 윗잇몸에 가볍게 대어 혀를 굴리며 발음합니다.

활자체 P p

필기체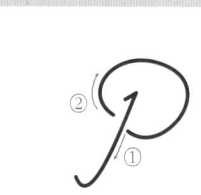

▶ 순서에 따라 발음에 유의하면서 알파벳 P(p)를 써봅시다.

▶ 알파벳 P(p)를 다른 알파벳과 연결하여 연습해 봅시다.

Ри Ри Ри Ри

Ра Ра Ра Ра

Ря Ря Ря Ря

Рь Рь Рь Рь

ри ри ри ри

ра ра ра ра

рь рь рь рь

ре ре ре ре

▶ 알파벳 P(p)와 관련된 단어를 연습해 봅시다.

Работа Работа Работа

[라보따]

Роман Роман Роман

[라만]

родина родина родина

[로지나]

размер размер размер

[라즈몌르]

▶ 알파벳 Р(р)와 관련된 문장을 연습해 봅시다.

Рига и Ростов — большие города.

Рига и Ростов — большие города.

Study & study

▶ Рига и Ростов-большие города.
[리가 이 라스또프 발쉬예 고로다.]
리가와 라스또프는 큰 도시입니다.

| 단어 |
- ▶ работа 일
- ▶ размер 치수
- ▶ большой 큰
- ▶ роман 소설
- ▶ Рига 리가(도시이름)
- ▶ город 도시
- ▶ родина 고향
- ▶ Ростов 라스또프(도시이름)

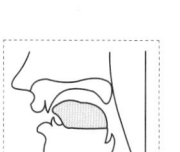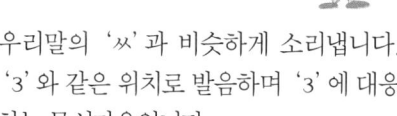

우리말의 'ㅆ'과 비슷하게 소리냅니다. 'з'와 같은 위치로 발음하며 'з'에 대응하는 무성자음입니다.

활자체 / **필기체**

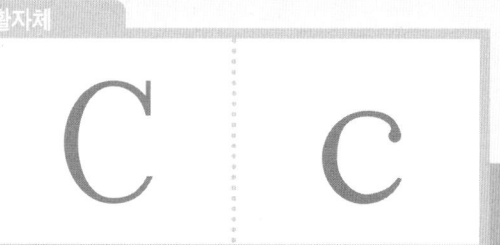

▶ 순서에 따라 발음에 유의하면서 알파벳 C(c)를 써봅시다.

▶ 알파벳 С(с)를 다른 알파벳과 연결하여 연습해 봅시다.

Сы Сы Сы Сы

Су Су Су Су

Св Св Св Св

Ся Ся Ся Ся

ст ст ст ст

см см см см

са са са са

си си си си

알파벳 C(c)와 관련된 단어를 연습해 봅시다.

Столица
[스딸리짜]

Сувенер
[수비니르]

страна
[스뜨라나]

солнце
[쏜쩨]

▶ 알파벳 C(c)와 관련된 문장을 연습해 봅시다.

Сестра едет в университет на автобусе.

Study & study

▶ **Сестра едет в университет на автобусе.**
[시스뜨라 예젣 브 우니베르시쩨트 나 아프또부셰.]
여동생은 버스를 타고 학교에 갑니다.

| 단어 |
- ▸ столица 수도
- ▸ солнце 태양
- ▸ университет 대학교
- ▸ сувенер 기념품
- ▸ сестра 여동생, 언니, 누나
- ▸ автобус 버스
- ▸ страна 나라
- ▸ ехать (차를 타고) 가다

 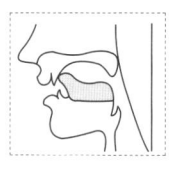 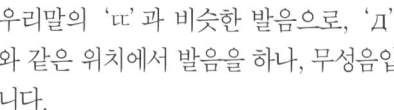

우리말의 'ㄸ'과 비슷한 발음으로, 'д'와 같은 위치에서 발음을 하나, 무성음입니다.

활자체: T T

필기체: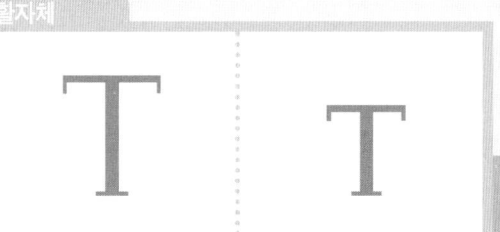

▶ 순서에 따라 발음에 유의하면서 알파벳 T(т)를 써봅시다.

▶ 알파벳 T(т)를 다른 알파벳과 연결하여 연습해 봅시다.

Те Те Те Те

Ть Ть Ть Ть

Тр Тр Тр Тр

Ти Ти Ти Ти

те те те те

тр тр тр тр

ть ть ть ть

ти ти ти ти

▶ 알파벳 T(т)와 관련된 단어를 연습해 봅시다.

Текст Текст Текст

[쪠스트]

Труд Труд Труд

[뜨루트]

традиция традиция традиция

[뜨라지찌야]

турист турист турист

[뚜리스트]

▶ 알파벳 T(т)와 관련된 문장을 연습해 봅시다.

Трамвай, троллейбус, автобус,

такси, метро-транспорт.

Study & study

▶ **Трамвай, троллейбус, автобус, такси, метро-транспорт.**
[뜨람바이, 뜨랄레이부스, 아프또부스, 딱시, 미뜨로 뜨란스뽀르트.]
뜨람바이, 뜨랄레이부스, 버스, 택시, 지하철은 교통수단입니다.

| 단어 |
▶ текст 본문
▶ турист 여행가
▶ автобус 버스
▶ транспорт 교통수단
▶ труд 어려움
▶ трамвай 뜨람바이
▶ такси 택시
▶ традиция 전통
▶ траллейбус 뜨랄레이부스
▶ метро 지하철

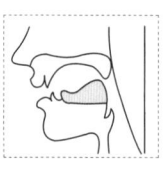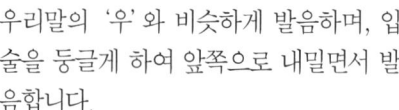

우리말의 '우'와 비슷하게 발음하며, 입술을 둥글게 하여 앞쪽으로 내밀면서 발음합니다.

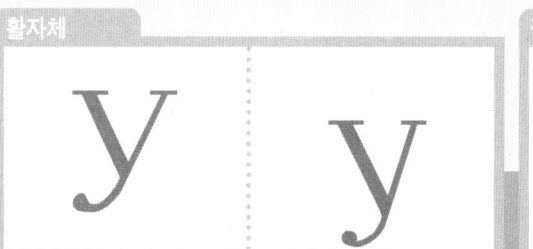

▶ 순서에 따라 발음에 유의하면서 알파벳 У(у)를 써봅시다.

▶ 알파벳 У(у)를 다른 알파벳과 연결하여 연습해 봅시다.

Ул Ул Ул Ул

Ур Ур Ур Ур

Уз Уз Уз Уз

Уg Уg Уg Уg

ул ул ул ул

уз уз уз уз

уb уb уb уb

ут ут ут ут

▶ 알파벳 У(у)와 관련된 단어를 연습해 봅시다.

Уважение *Уважение* *Уважение*

[우바줴니예]

Урок *Урок* *Урок*

[우로크]

ухо *ухо* *ухо*

[우허]

успех *успех* *успех*

[우스뼤흐]

▶ 알파벳 У(у)와 관련된 문장을 연습해 봅시다.

Утром ученики идут в школу.

Утром ученики идут в школу.

Study & study

▶ Утром ученики идут в школу.
[우뜨럼 우체니끼 이두트 브 쉬꼴루.]
아침에 학생들이 학교로 갑니다.

| 단어 |
- ▶ уважение 존경
- ▶ успех 성공
- ▶ школа 학교
- ▶ урок 수업
- ▶ утром 아침에
- ▶ ухо 귀
- ▶ ученик 학생

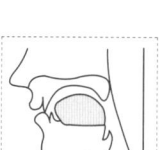
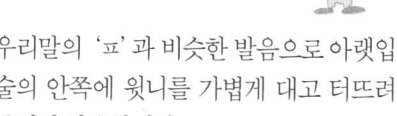

우리말의 '프'과 비슷한 발음으로 아랫입술의 안쪽에 윗니를 가볍게 대고 터뜨려 주면서 발음합니다.

▶ 순서에 따라 발음에 유의하면서 알파벳 Ф(ф)를 써봅시다.

▶ 알파벳 Ф(ф)를 다른 알파벳과 연결하여 연습해 봅시다.

Фе Фе Фе Фе

Фу Фу Фу Фу

Фл Фл Фл Фл

Фо Фо Фо Фо

фа фа фа фа

фл фл фл фл

фу фу фу фу

фо фо фо фо

▶ 알파벳 Ф(ф)와 관련된 단어를 연습해 봅시다.

Фамилия Фамилия Фамилия
[파밀리야]

Форма Форма Форма
[포르마]

фабрика фабрика фабрика
[파브리까]

футбол футбол футбол
[푸트볼]

▶ 알파벳 **Ф(ф)**와 관련된 문장을 연습해 봅시다.

Фёдор Фомин работает

на фабрике.

Study & study

▶ **Фёдор Фомин работает иа фабрике.**
[표도르 포민 라보따예트 나 파브리꼐.]
표도르 포민은 공장에서 일합니다.

| 단어 |

- **фамилия** 성(姓)
- **форма** 형식
- **фабрика** 공장
- **футбол** 축구
- **Фёдор Фомин** 표도르 포민(사람이름)
- **работать** 일하다
- **на** ~에서(장소)

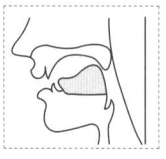

우리말의 'ㅎ'과 가까운 소리로 보다 힘을 주어 터뜨려 주면서 내는 소리입니다. 'ㄱ'와 비슷한 위치에서 발음하지만 혀 뒷부분을 입천장에 접근시키며 발음합니다.

활자체		필기체	
X	x	𝒳	𝓍

▶ 순서에 따라 발음에 유의하면서 알파벳 X(x)를 써봅시다.

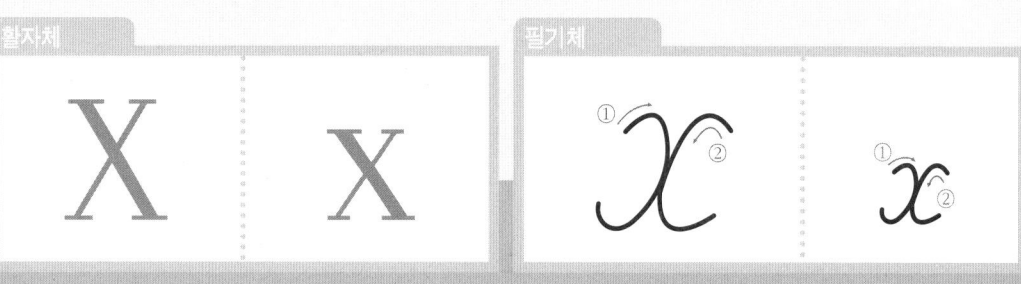

▶ 알파벳 X(x)를 다른 알파벳과 연결하여 연습해 봅시다.

Ха Ха Ха Ха

Хе Хе Хе Хе

Хи Хи Хи Хи

Хн Хн Хн Хн

хв хв хв хв

хл хл хл хл

хе хе хе хе

хи хи хи хи

▶ 알파벳 X(x)와 관련된 단어를 연습해 봅시다.

Характер Характер Характер

[하락쩨르]

Хобби Хобби Хобби

[호비]

хорошо хорошо хорошо

[하라쇼]

художник художник художник

[후도즈닉]

▶ 알파벳 X(x)와 관련된 문장을 연습해 봅시다.

Хорошая книга – верный друг.

Хорошая книга – верный друг.

Study & study

▶ Хорошая книга - верный друг.
[하로샤야 끄니가 베르늬이 드루크.]
좋은 책은 믿음직한 친구입니다.

| 단어 |
- характер 성격
- художник 예술가
- верный 믿음직한
- хобби 취미
- хороший 좋은
- друг 친구
- хорошо 좋다
- книга 책

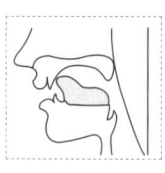

우리말의 'ㅉ'과 비슷한 발음으로, 혀를 윗잇몸에 밀착시켰다가 빨리 떼면서 그 사이로 공기를 밀면서 마찰, 파열시켜주는 소리입니다.

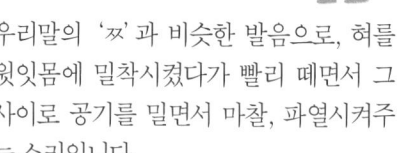

활자체

필기체

▶ 순서에 따라 발음에 유의하면서 알파벳 Ц(ц)를 써봅시다.

▶ 알파벳 Ц(ц)를 다른 알파벳과 연결하여 연습해 봅시다.

Це Це Це Це

Ци Ци Ци Ци

Цъ Цъ Цъ Цъ

Цу Цу Цу Цу

ци ци ци ци

це це це це

цу цу цу цу

ца ца ца ца

▶ 알파벳 Ц(ц)와 관련된 단어를 연습해 봅시다.

Цвет Цвет Цвет

[쯔볫]

Циркуль Циркуль Циркуль

[찌르꿀]

центр центр центр

[쩬뜨르]

цифра цифра цифра

[찌프라]

▶ 알파벳 **Ц(ц)**와 관련된 문장을 연습해 봅시다.

Цирк показал новую программу для детей.

Study & study

▶ **Цирк показал новую программу для детей.**
[찌르크 빠까잘 노부유 쁘라그라무 들랴 제쩨이.]
서커스는 아이들을 위해 새로운 프로그램을 보여주었습니다.

| 단어 |

- ▶ **цвет** 꽃
- ▶ **цифра** 숫자
- ▶ **новый** 새로운
- ▶ **дитя** 아이
- ▶ **циркуль** 콤파스
- ▶ **цирк** 서커스
- ▶ **программа** 프로그램
- ▶ **центр** 중앙
- ▶ **показать** 보여주다
- ▶ **для** ~위하여(전치사)

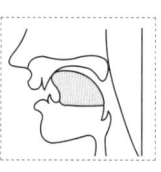
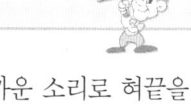

우리말의 '치'에 가까운 소리로 혀끝을 잇몸의 뒤쪽에 붙였다가 입안의 공기를 파열, 마찰시키면서 발음합니다.

활자체 Ч ч   **필기체** Ч ч

▶ 순서에 따라 발음에 유의하면서 알파벳 **Ч(ч)**를 써봅시다.

▶ 알파벳 Ч(ч)를 다른 알파벳과 연결하여 연습해 봅시다.

Чт Чт Чт Чт

Ча Ча Ча Ча

Чу Чу Чу Чу

Чв Чв Чв Чв

ча ча ча ча

чу чу чу чу

чв чв чв чв

чт чт чт чт

▶ 알파벳 Ч(ч)와 관련된 단어를 연습해 봅시다.

Часто Часто Часто

[차스떠]

Чайник Чайник Чайник

[차이닉]

честь честь честь

[체스찌]

чашка чашка чашка

[차쉬까]

▶ 알파벳 **Ч(ч)**와 관련된 문장을 연습해 봅시다.

Чтение – лучшее учение.

Что ты читаешь?

Study & study

▶Чтение-лучшее учение. Что ты читаешь?
[치쩨니예 루치쉐예 우체니예. 쉬또 띄 치따예쉬?]
읽기는 가장 좋은 학습입니다. 넌 뭘 읽니?

| 단어 |

- ▶часто 자주
- ▶чашка 찻잔
- ▶учение 학습
- ▶читать 읽다
- ▶чайник 주전자
- ▶чтение 읽기
- ▶что 무엇
- ▶честь 명예
- ▶лучший 가장 좋은
- ▶ты 너

 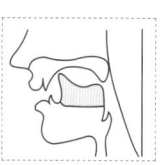

우리말의 '시'와 비슷한 발음으로, 'ж'와 같은 위치에서 발음하며 'ж'에 대응하는 무성자음입니다.

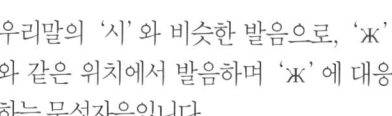

▶ 순서에 따라 발음에 유의하면서 알파벳 Ш(ш)를 써봅시다.

▶ 알파벳 Ш(ш)를 다른 알파벳과 연결하여 연습해 봅시다.

Ши Ши Ши Ши

Шл Шл Шл Шл

Шу Шу Шу Шу

Шь Шь Шь Шь

ша ша ша ша

шу шу шу шу

шл шл шл шл

шь шь шь шь

▶ 알파벳 Ш(ш)와 관련된 단어를 연습해 봅시다.

Школьник Школьник Школьник

[쉬꼴리닉]

Шапка Шапка Шапка

[솨쁘까]

шашки шашки шашки

[솨쉬끼]

шахматы шахматы шахматы

[솨흐마띠]

▶ 알파벳 Ш(ш)와 관련된 문장을 연습해 봅시다.

Шура любит играть в шахматы.

Шура любит играть в шахматы.

Study & study

▶ **Шура любит играть в шахматы.**
[슈라 류빝 이그라찌 브 쇼흐마띄.]
슈라는 체스두는 것을 좋아합니다.

| 단어 |
▶ школьник 학생(초·중·고)　　▶ шапка 모자　　▶ шашки 바둑
▶ шахматы 체스　　▶ Шура 슈라(사람이름)　　▶ любить 좋아하다
▶ играть 경기하다　　▶ шахматы 장기

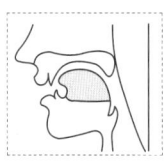

우리말의 '쉬'와 비슷하며, 혀끝을 아랫니 안쪽에 두고 혀 중간을 입천장 가까이 올리며 무성음으로 발음합니다.

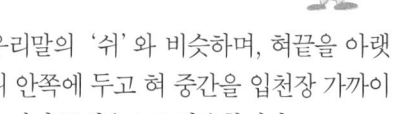

▶ 순서에 따라 발음에 유의하면서 알파벳 Щ(щ)를 써봅시다.

▶ 알파벳 Щ(щ)를 다른 알파벳과 연결하여 연습해 봅시다.

Ще Ще Ще Ще

Ща Ща Ща Ща

Щу Щу Щу Щу

Щи Щи Щи Щи

ще ще ще ще

ща ща ща ща

щу щу щу щу

щи щи щи щи

▶ 알파벳 Щ(щ)와 관련된 단어를 연습해 봅시다.

Щегол Щегол Щегол

[쉬골]

Щипцы Щипцы Щипцы

[쉬쁘찌]

щётка щётка щётка

[쇼트까]

вещи вещи вещи

[볘쉬]

▶ 알파벳 Щ(щ)와 관련된 문장을 연습해 봅시다.

Щука и лещ-рыбы.

Щегол-красивая певчая птица.

Study & study

▶ Щука и лещ-рыбы. Щегол-красивая певчая птица.
[쉬까 이 례쉬 릐븨. 쉬골 끄라씨바야 뻬브차야 쁘찌짜.]
꼬치고기와 쥐노래미는 물고기입니다. 꾀꼬리는 아름답게 지저귀는 새입니다.

| 단어 |

- ▶ щегол 꾀꼬리
- ▶ вещи 물건
- ▶ рыба 물고기
- ▶ птица 새
- ▶ щипцы 집게
- ▶ щука 꼬치고기
- ▶ красивый 아름다운
- ▶ щётка 솔
- ▶ лещ 쥐노래미
- ▶ певчий 지저귀는

Ъ Ы Ь

Ъ : 경음부호(твёрдый знак)
Ы : 우리말의 '의' 와 비슷한 음입니다.
Ь : 연음부호(мягкий знак)

▶ 순서에 따라 발음에 유의하면서 알파벳 Ъ, Ы, Ь를 써봅시다.

▶ 알파벳 ъ, ы, ь를 다른 알파벳과 연결하여 연습해 봅시다.

ъе

подъезд

[빠드예즈드]

ыб

рыба

[리바]

ья

деревья

[지례비야]

морковь

[마르꼬피]

Study & study

| 단어 |
- подъезд 현관 입구
- рыба 물고기
- деревья 나무
- морковь 당근

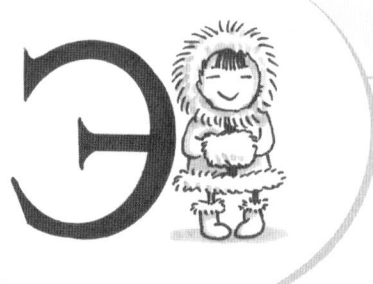

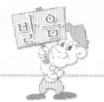

우리말의 '에' 와 거의 비슷하며 좀더 입을 넓게 벌려 발음합니다.

활자체

필기체

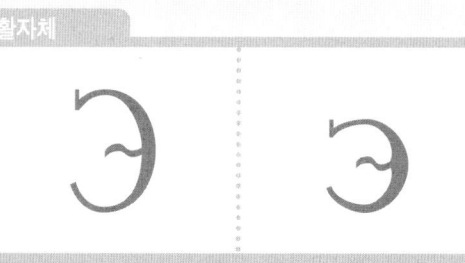

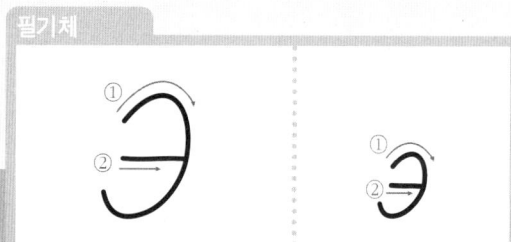

▶ 순서에 따라 발음에 유의하면서 알파벳 Э(э)를 써봅시다.

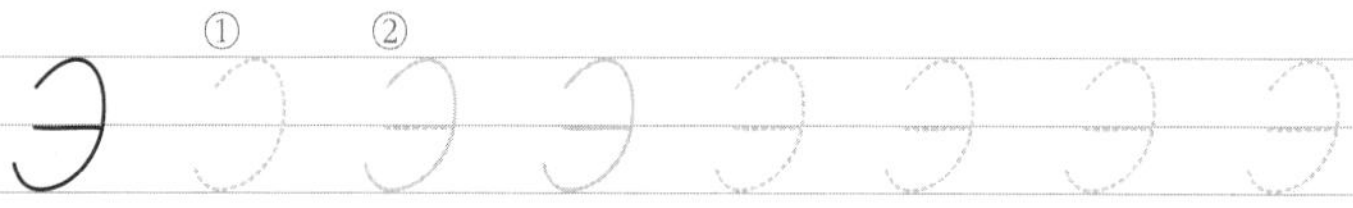

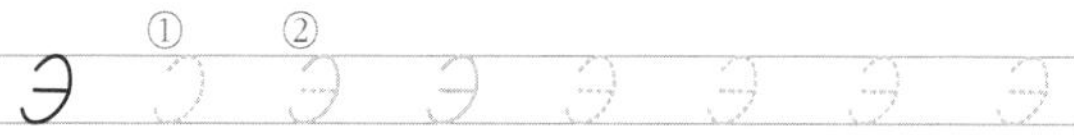

▶ 알파벳 Э(э)를 다른 알파벳과 연결하여 연습해 봅시다.

Эл Эл Эл Эл

Эр Эр Эр Эр

Эк Эк Эк Эк

Эт Эт Эт Эт

Эк Эк Эк Эк

Эл Эл Эл Эл

Эм Эм Эм Эм

Эв Эв Эв Эв

▶ 알파벳 Э(э)와 관련된 단어를 연습해 봅시다.

Экзамен Экзамен Экзамен

[에그자민]

Энергия Энергия Энергия

[에녜르기야]

Экономика Экономика Экономика

[에까노미까]

этот этот этот

[에또트]

▶ 알파벳 Э(э)와 관련된 문장을 연습해 봅시다.

Это наш город.

Это наша улица.

Study & study

▶ Это наш город. Это наша улица.
[에따 나쉬 고로트. 에따 나샤 울리짜.]
이곳은 우리가 사는 도시입니다. 이곳은 우리가 사는 거리입니다.

| 단어 |
▶ экзамен 시험　　▶ энергия 에너지　　▶ экономика 경제
▶ этот 이것　　▶ это 이것　　▶ наш 우리의
▶ город 도시　　▶ улица 거리

우리말의 '유'와 비슷한 음으로 'й'와 'y'의 발음을 함께 빠르게 내는 소리입니다.

▶ 순서에 따라 발음에 유의하면서 알파벳 Ю(ю)를 써봅시다.

▶ 알파벳 Ю(ю)를 다른 알파벳과 연결하여 연습해 봅시다.

Юр Юр Юр Юр

Юл Юл Юл Юл

Юб Юб Юб Юб

Юд Юд Юд Юд

юл юл юл юл

юр юр юр юр

юд юд юд юд

юф юф юф юф

▶ 알파벳 Ю(ю)와 관련된 단어를 연습해 봅시다.

Юра Юра Юра
[유라]

Юбилей Юбилей Юбилей
[유빌례이]

юла юла юла
[율라]

юбка юбка юбка
[유쁘까]

▶ 알파벳 Ю(ю)와 관련된 문장을 연습해 봅시다.

Юра и Юля - юные натуралисты.

Study & study

▶ **Юра и Юля - юные натуралисты.**
[유라 이 율랴 유늬예 나뚜랄리스띄.]
유라와 율랴는 젊은 자연과학자입니다.

| 단어 |

- ▶ **Юра** 유라(사람이름)
- ▶ **юбилей** 기념식
- ▶ **юла** 종달새
- ▶ **юбка** 치마
- ▶ **Юля** 율랴(사람이름)
- ▶ **юный** 젊은
- ▶ **натуралист** 자연과학자

우리말의 '야'와 비슷한 음으로 'й'와 'a'의 발음을 함께 빠르게 내는 소리입니다.

▶ 순서에 따라 발음에 유의하면서 알파벳 Я(я)를 써봅시다.

▶ 알파벳 **Я(я)**를 다른 알파벳과 연결하여 연습해 봅시다.

Яр Яр Яр Яр

Яв Яв Яв Яв

Ял Ял Ял Ял

Ят Ят Ят Ят

ял ял ял ял

ят ят ят ят

яв яв яв яв

яз яз яз яз

▶ 알파벳 **Я(я)**와 관련된 단어를 연습해 봅시다.

Японец

[이쁘녜쯔]

Якорь

[야꺼리]

яхта

[야흐따]

яблоко

[야블로꺼]

▶ 알파벳 **Я(я)**와 관련된 문장을 연습해 봅시다.

Я учусь писать по-русски.

Я знаю весь алфавит.

Study & study

▶ Я учусь писать по-русски.　Я знаю весь алфавит.
[야 우추시 삐싸찌 빠루스끼. 야 즈나유 볘시 알파빝.]
나는 러시아어 쓰기를 배웁니다. 나는 모든 알파벳을 압니다.

| 단어 |

- ▶ Японец 일본인
- ▶ яблоко 사과
- ▶ писать 쓰다
- ▶ весь 모든
- ▶ якорь 닻
- ▶ я 나
- ▶ по-русски 러시아어로
- ▶ алфавит 알파벳
- ▶ яхта 요트
- ▶ учиться 배우다
- ▶ знать 알다

Step 2 실전 쓰기 연습

▶ 실전 쓰기연습 ① 다음은 러시아어 숫자 표현입니다. 발음에 유의하면서 써봅시다.

один

일, 1 [아진]

два

이, 2 [드바]

три

삼, 3 [뜨리]

четыре

사, 4 [취뜨리]

пять

오, 5 [빠찌]

шесть

육, 6 [쉐스찌]

семь

칠, 7 [씸]

восемь

팔, 8 [보씸]

девять
9, 9 [제바째]

десять
십, 10 [제사째]

▶ 일반 노트에 쓰기연습을 해봅시다.

один
два
три
четыре
пять
шесть
семь
восемь
девять
десять

▶ 실전 쓰기연습 ② 다음은 간단한 러시아어 인사말입니다. 발음에 유의하면서 써봅시다.

Здравствуйте!

안녕하세요! [즈드라스트부이쩨]

Доброе утро!

안녕하세요! (아침인사) [도브러예 우뜨러]

Добрый день!

안녕하세요! (낮인사) [도브릐이 젠]

Добрый вечер!

안녕하세요! (저녁인사) [도브릐이 베체르]

Привет!

안녕! (친구나 아랫사람을 만날 때) [쁘리벳]

Как дела?

어떻게 지내니? (안부를 물을 때) [까크 젤라]

▶ 일반 노트에 쓰기연습을 해봅시다.

Здравствуйте!
Доброе утро!
Добрый день!
Добрый вечер!
Привет!
Как дела?

▶ **실전 쓰기연습 ③** 다음은 간단한 러시아어 표현입니다. 발음에 유의하면서 써봅시다.

Спасибо!

감사합니다! [스빠씨버]

Извините!

죄송합니다! [이즈비니쩨]

Ничего.

괜찮아요. [니치보]

До свидания!

안녕히 계세요! [다 스비다니야]

Хорошо! *Хорошо!*

좋아요! [하라쇼]

Плохо! *Плохо!*

나빠요! [쁠로허]

▶ 일반 노트에 쓰기연습을 해봅시다.

Спасибо! *Спасибо!*
Извините! *Извините!*
Ничего. *Ничего.*
До свидания! *До свидания!*
Хорошо! *Хорошо!*
Плохо! *Плохо!*

▶실전 쓰기연습 ④ 활자체를 보고 필기체를 쓰는 연습입니다.

처음에 러시아어 쓰기연습을 할 때 가장 혼동스러운 것이 활자체를 보고 필기체로 쓰는 연습입니다.
대부분이 활자체로 되어 있는 문장이나 글을 자신의 필기체로 옮기는 것이기 때문에 이 연습은 아주 중요합니다.

Год

В году двенадцать месяцев:
январь, февраль, март,
апрель, май, июнь,
июль, август, сентябрь,
октябрь, ноябрь, декабрь.

년(年)
1년은 12개월이 있습니다 :
1월, 2월, 3월,
4월, 5월, 6월,
7월, 8월, 9월,
10월, 11월, 12월.

Год В году двенадцать

месяцев: январь, февраль, март,

апрель, май, июнь, июль, август,

сентябрь, октябрь, ноябрь, декабрь.

▶ 일반 노트에 쓰기연습을 해봅시다.

실전 쓰기연습 ⑤ 활자체를 보고 필기체를 쓰는 연습입니다.

Времена года

Весна, лето, осень, зима.
Март, апрель, май - весна.
Июнь, июль, август - лето.
Сентябрь, октябрь, наябрь - осень.
Декабрь, январь, февраль - зима.

사계절(四季節)
봄, 여름, 가을, 겨울입니다.
3월, 4월, 5월은 봄입니다.
6월, 7월, 8월은 여름입니다.
9월, 10월, 11월은 가을입니다.
12월, 1월, 2월은 겨울입니다.

▶ 일반 노트에 쓰기연습을 해봅시다.

▶실전 쓰기연습 ⑥ 활자체를 보고 필기체를 쓰는 연습입니다.

Дни недели
В неделе семь дней : понедельник, вторник, среда, четверг, пятница, суббота, воскресенье.

주일(週日)
1주일은 7일입니다: 월요일, 화요일, 수요일, 목요일, 금요일, 토요일, 일요일.

▶ 일반 노트에 쓰기연습을 해봅시다.

▶ **실전 쓰기연습 ⑦** 다음은 가족 관계에 대한 표현입니다. 발음에 유의하면서 써봅시다.

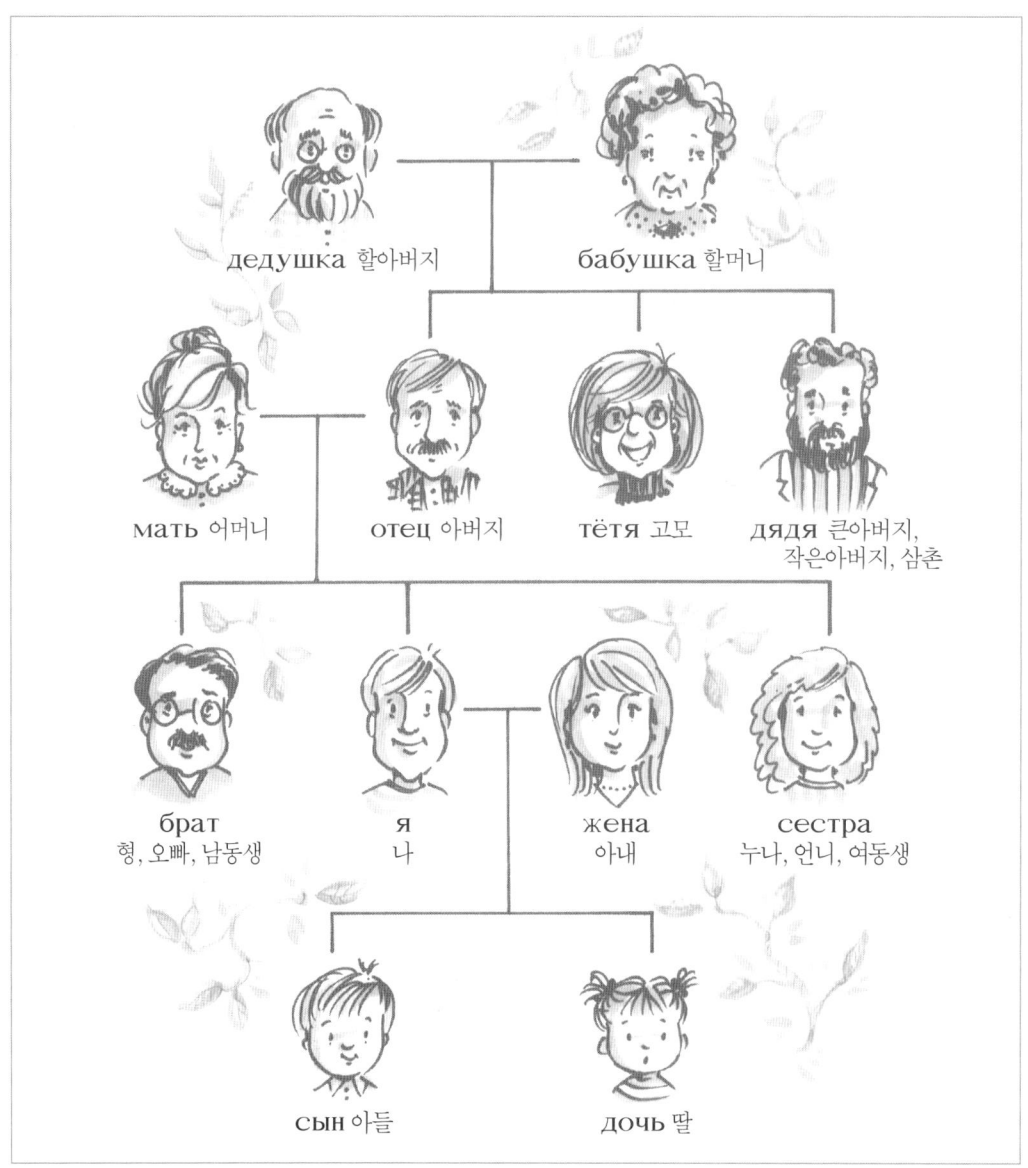

Дедушка Дедушка Дедушка

할아버지 [제두쉬까]

Бабушка *Бабушка* *Бабушка*

할머니 [바부쉬까]

Отец *Отец* *Отец*

아버지 [아쩨쯔]

Мать *Мать* *Мать*

어머니 [마찌]

Брат *Брат* *Брат*

형, 오빠, 남동생 [브라트]

Сестра *Сестра* *Сестра*

누나, 언니, 여동생 [씨스뜨라]

Тётя *Тётя* *Тётя*

고모 [쬬쨔]

Дядя *Дядя* *Дядя*

큰(작은)아버지, 삼촌 [자쟈]

Жена *Жена* *Жена*

아내 [쥐나]

Сын Сын Сын

아들 [씐]

Дочь Дочь Дочь

딸 [도치]

▶ 일반 노트에 쓰기연습을 해봅시다.

Дедушка
Бабушка
Отец
Мать
Тётя
Дядя
Брат
Сестра
Жена
Сын
Дочь

▶ 실전 쓰기연습 ⑧ 다음은 신체 부위에 대한 표현입니다. 발음에 유의하면서 써봅시다.

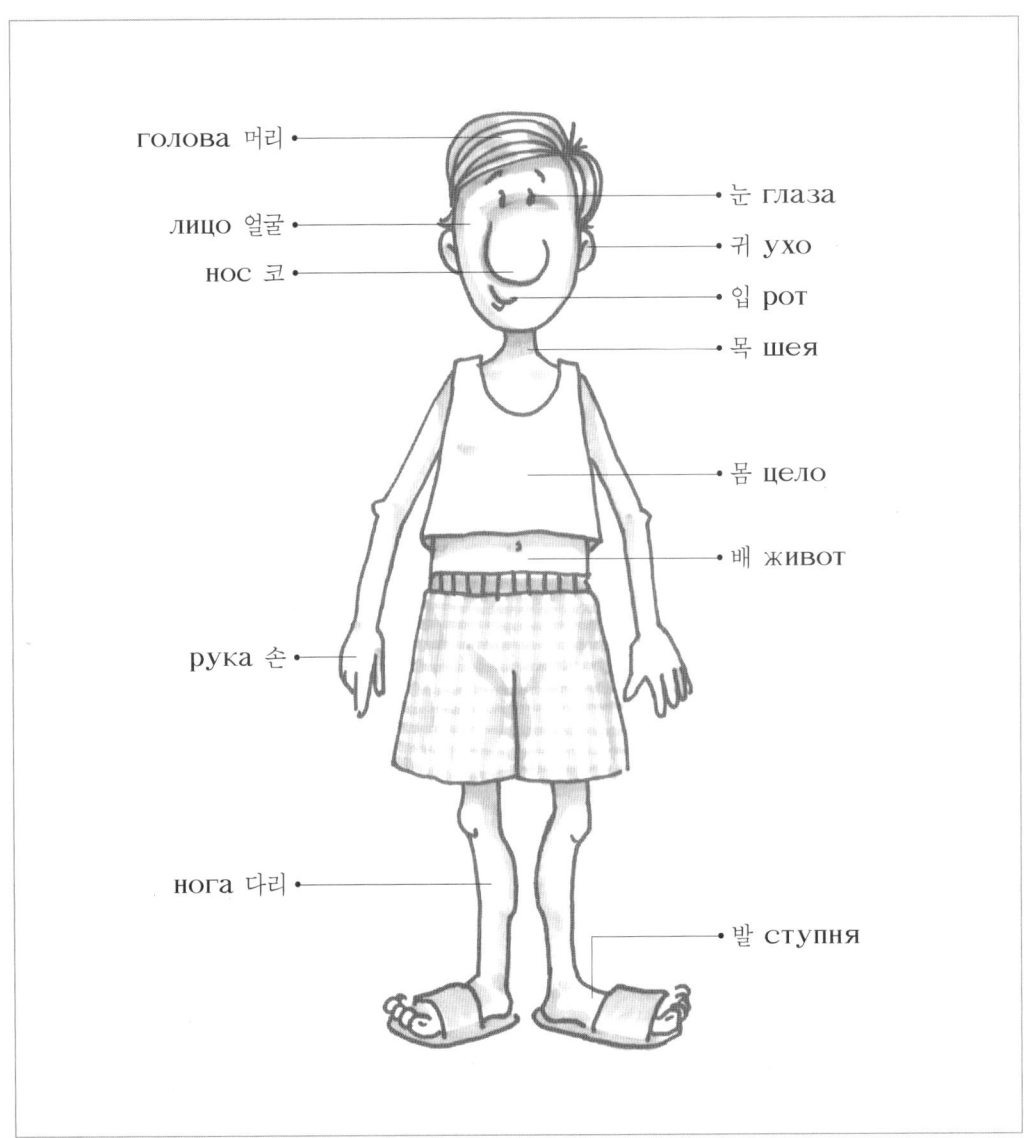

Голова Голова Голова

머리 [갈라바]

Лицо Лицо Лицо

얼굴 [리쪼]

Ухо Ухо Ухо

귀 [우허]

Глаза Глаза Глаза

눈 [글라자]

Нос Нос Нос

코 [노스]

Рот Рот Рот

입 [로트]

Шея Шея Шея

목 [쉐야]

Рука Рука Рука

손 [루까]

Цело Цело Цело

몸 [쩰라]

Живот *Живот* *Живот*

배 [쥐보트]

Нога *Нога* *Нога*

다리 [나가]

Ступня *Ступня* *Ступня*

발 [스뚜쁘냐]

▶ 일반 노트에 쓰기연습을 해봅시다.

▶실전 쓰기연습 ⑨ 활자체를 보고 필기체를 쓰는 연습입니다.

다음은 간단한 축하 서신을 활자체로 표기하였습니다. 축하 서신은 본인의 글씨로 정성껏 써서 보내는 편지입니다. 실제로 본인이 축하 서신을 쓴다고 생각하면서 정성껏 써봅시다.

1. 새해 인사

> Дорогой Боря!
> Поздравляем тебя с Новым годом!
> Желаем здоровья, счастья, успехов в учёбе.
> Твой друг Саша и Миша.

사랑하는 보랴!
새해 복 많이 받아라.
건강하고, 복 많이 받고, 하는 일(공부)에 성공하길 바랄게.
너의 친구 사샤와 미샤가.

Дорогой Боря!

Поздравляем тебя с Новым годом!

Желаем здоровья, счастья, успехов

в учёбе. Твой друзья Саша и Миша.

▶ 일반 노트에 쓰기연습을 해봅시다.

2. 여성의 날 축하

> # Дорогая Анна Ивановна!
> ## С Днём 8 Марта Вас
> ## Поздравляет пятый класс!
> ### Ваши ученики.

사랑하는 안나 이바노브나 선생님!
3월 8일 세계 여성의 날을
우리 5반 학생들이 축하드립니다!
　　　　　　　　제자 일동

▶ 일반 노트에 쓰기연습을 해봅시다.

3. 생일 축하

> # Дорогая бабушка!
> Поздравляем тебя с днём рождения!
> Желаем многих лет жизни, счастья, здоровья!
> 　　　　　　Твои внуки Саша и Миша
> 　　　　　　20 июля 2003г.

　　　　　　사랑하는 할머니!
　　　　　　생신을 진심으로 축하드려요!
　　　　　　오래오래 사시고, 행운이 깃들고, 건강하시길 바랍니다!
　　　　　　　　　할머니의 손자 사샤와 미샤
　　　　　　　　　2003년 7월 20일

Дорогая бабушка! Поздравляем

тебя с днём рождения! Желаем

многих лет жизни, счастья, здоровья!

Твои внуки Саша и Миша

20 июля 2003г.

▶ 일반 노트에 쓰기연습을 해봅시다.

▶ 실전 쓰기연습 ⑩

다음은 우편 엽서에 보내는 사람과 받는 사람의 주소를 기입하는 연습을 하도록 우편 엽서 형식을 준비하였습니다. 정성껏 따라 써봅시다.

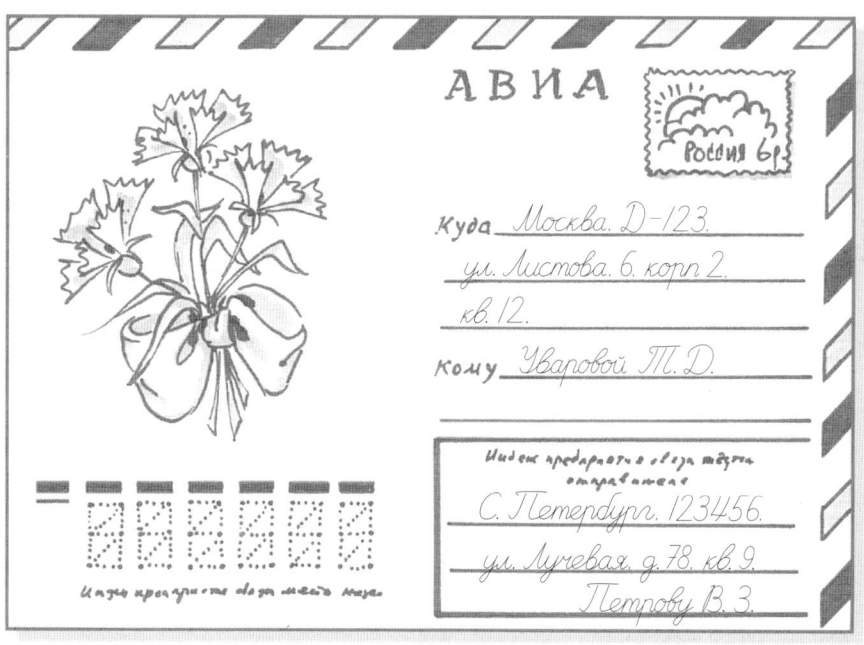

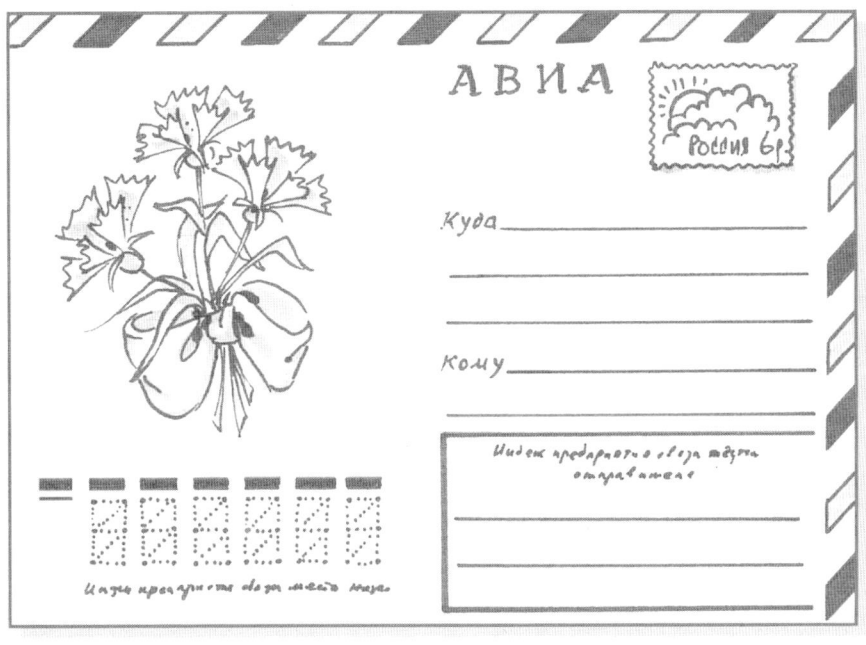

지은이 장영재

조선대학교 러시아어학과 졸업
러시아 이르쿠츠쿠 ИГЭА대학 연수
現 한양대 국제학대학원 졸업
톨스토이의『사람은 무엇으로 사는가』번역 및
『러시아어 회화급소 80』,『러시아어 여행』등 著

러시아어 처음 글자쓰기

초판발행	2004년 3월 20일
개정판 14쇄	2024년 12월 20일
저자	장영재
편집	권이준, 김아영
펴낸이	엄태상
콘텐츠 제작	김선웅, 장형진
마케팅본부	이승욱, 왕성석, 노원준, 조성민, 이선민
경영기획	조성근, 최성훈, 김다미, 최수진, 오희연
물류	정종진, 윤덕현, 신승진, 구윤주
펴낸곳	랭기지플러스
주소	서울시 종로구 자하문로 300 시사빌딩
주문 및 교재 문의	1588-1582
팩스	0502-989-9592
홈페이지	http://www.sisabooks.com
이메일	book_etc@sisadream.com
등록일자	2000년 8월 17일
등록번호	제300-2014-90호

ISBN 978-89-5518-270-5 13790

* 이 책의 내용을 사전 허가 없이 전재하거나 복제할 경우 법적인 제재를 받게 됨을 알려 드립니다.
* 잘못된 책은 구입하신 서점에서 교환해 드립니다.
* 정가는 표지에 표시되어 있습니다.